AF596891

L'ESCOLE DES MARIS,

COMEDIE

DE

J. B. P. MOLIERE,

Représentée sur le Theatre du Palais Royal.

Suivant la Copie imprimée

A PARIS.

M. DC. LXXIV.

LES PERSONNAGES.

SGANARELLE, ARISTE,	Freres.
ISABELLE, LEONOR,	Sœurs.

LISETTE, Suivante de Leonor.

VALERE, Amant d'Isabelle.

ERGASTE, Valet de Valere.

LE COMMISSAIRE.

LE NOTAIRE.

La Scene est à Paris.

L'ESCOLE DES MARIS, COMEDIE.

ACTE PREMIER.

SCENE PREMIERE.

SGANARELLE, ARISTE.

SGANARELLE.

MON frere, s'il vous plaiſt, ne diſcourons point tant,
Et que chacun de nous vive comme il l'entend ;
Bien que ſur moy des ans vous ayez l'advantage,
Et ſoyez aſſez vieux pour devoir eſtre ſage ;
Je vous diray pourtant que mes intentions
Sont de ne prendre point de vos corrections :
Que j'ay pour tout conſeil ma fantaiſie à ſuivre,

Et me trouve fort bien de ma façon de vivre.

ARISTE.

Mais chacun la condamne.

SGANARELLE.

Ouy des foux comme vous,
Mon frere.

ARISTE.

Grand-merci, le compliment est doux.

SGANARELLE.

Je voudrois bien sçavoir, puis qu'il faut tout entendre,
Ce que ces beaux censeurs en moy peuvent reprendre?

ARISTE.

Cette farouche humeur, dont la severité
Fuit toutes les douceurs de la societé,
A tous vos procedez inspire un air bizarre,
Et jusques à l'habit, vous rend chez vous barbare.

SGANARELLE.

Il est vray qu'à la mode il faut m'assujettir,
Et ce n'est pas pour moy que je me dois vestir;
Ne voudriez-vous point, par vos belles sornettes,
Monsieur mon frere aisné, car Dieu merci vous l'estes
D'une vingtaine d'ans, à ne nous rien celer,
Et cela ne vaut pas la peine d'en parler:
Ne voudriez-vous point, dy-je, sur ces matieres,
De vos jeunes muguets m'inspirer les manieres,
M'obliger à porter de ces petits chapeaux,
Qui laissent éventer leurs debiles cerveaux,
Et de ces blonds cheveux de qui la vaste enfleure
Des visages humains offusque la figure?
De ces petits pourpoints sous les bras se perdans,
Et de ces grands colets jusqu'au nombril pendans?
De ces manches qu'à table on voit taster les sausses,
Et de ces cotillons appellez haut-de-chausses?

Dë ces ſouliers mignons de rubans reveſtus,
Qui vous font reſſembler à des pigeons patus;
Et de ces grands canons, ou comme en des entraves,
On met tous les matins ſes deux jambes eſclaves,
Et par qui nous voyons ces Meſſieurs les galans,
Marcher écarquillez ainſi que des volans?
Je vous plairois ſans doute équipé de la ſorte,
Et je vous voy porter les ſottiſes qu'on porte.

ARISTE.

Toûjours au plus grand nombre on doit s'accommoder,
Et jamais il ne faut ſe faire regarder,
L'un & l'autre excés choque, & tout homme bien ſage
Doit faire des habits, ainſi que du langage,
N'y rien trop affecter, & ſans empreſſement,
Suivre ce que l'uſage y fait de changement.
Mon ſentiment n'eſt pas qu'on prenne la methode
De ceux qu'on voit toûjours rencherir ſur la mode,
Et qui dans ſes excés, dont ils ſont amoureux,
Seroient faſchez qu'un autre euſt eſté plus loin qu'eux;
Mais je tiens qu'il eſt mal, ſur quoy que l'on ſe fonde,
De fuir obſtinément ce que ſuit tout le monde,
Et qu'il vaut mieux ſouffrir d'eſtre au nombre des foux,
Que du ſage parti ſe voir ſeul contre tous.

SGANARELLE.

Cela ſent ſon vieillard, qui pour en faire accroire,
Cache ſes cheveux blancs d'une perruque noire.

ARISTE.

C'eſt un eſtrange fait du ſoin que vous prenez,
A me venir toûjours jetter mon âge au nez;
Et qu'il faille qu'en moy ſans ceſſe je vous voye

Blâmer l'ajustement aussi bien que la joye :
Comme si, condamnée à ne plus rien cherir,
La vieillesse devoit ne songer qu'à mourir,
Et d'assez de laideur n'est pas accompagnée,
Sans se tenir encor mal propre & rechignée.

SGANARELLE.

Quoy qu'il en soit, je suis attaché fortement
A ne demordre point de mon habillement :
Je veux une coëffeure en dépit de la mode,
Sous qui toute ma teste ait un abry commode :
Un bon pourpoint bien long, y fermé comme il faut,
Qui pour bien digerer tienne l'estomach chaud ;
Un haut-de-chausses fait justement pour ma cuisse,
Des souliers où mes pieds ne soient point au suplice,
Ainsi qu'en ont usé sagement nos ayeux,
Et qui me trouve mal, n'a qu'à fermer les yeux.

SCENE II.

LEONOR, ISABELLE, LISETTE, ARISTE, SGANARELLE.

LEONOR, *à Isabelle.*

Je me charge de tout, en cas que l'on vous gronde.

LISETTE, *à Isabelle.*

Toûjours dans une chambre à ne point voir le monde?

ISABELLE.

Il est ainsi basti.

LEONOR.

Je vous en plains ma sœur.

LISETTE.

Bien vous prend que son frere ait toute une autre humeur,

Ma-

Madame, & le destin vous fut bien favorable,
En vous faisant tomber aux mains du raisonnable.

ISABELLE.

C'est un miracle encor, qu'il ne m'ait aujourd'huy
Enfermée à la clef, ou menée avec luy.

LISETTE.

Ma foy je l'envoyrois au diable avec sa fraize.
Et.....

SGANARELLE.

Où donc allez-vous, qu'il ne vous en déplaise.

LEONOR.

Nous ne sçavons encor, & je pressois ma sœur
De venir du beau temps respirer la douceur:
Mais....

SGANARELLE.

Pour vous, vous pouvez aller où bon vous semble
Vous n'avez qu'à courir, vous voilà deux ensemble:
Mais vous, je vous deffens s'il vous plaist de sortir.

ARISTE.

Eh! laissez-les, mon frere, aller se divertir.

SGANARELLE.

Je suis vostre valet, mon frere.

ARISTE.

La jeunesse,
Veut....

SGANARELLE.

La jeunesse est sotte, & par fois la vieillesse.

ARISTE.

Croyez-vous qu'elle est mal d'estre avec Leonor?

SGANARELLE.

Non pas, mais avec moy, je la crois mieux encor.

ARISTE.

Mais....

SGANARELLE.

Mais ses actions de moy doivent dépendre,

Et je sçais l'interest enfin, que j'y dois prendre.

ARISTE.

A celles de sa sœur, ay-je un moindre interest?

SGANARELLE.

Mon Dieu, chacun raisonne, & fait comme il luy plaist.
Elles sont sans parents, & nostre ami leur pere,
Nous commit leur conduite à son heure derniere;
Et nous chargeant tous deux, ou de les épouser,
Ou sur nostre refus un jour d'en disposer,
Sur elles par contract, nous sceut dés leur enfance,
Et de pere, & d'époux donner pleine puissance,
D'élever celle-là, vous pristes le souci,
Et moy je me chargeay du soin de celle-ci;
Selon vos volontez vous gouvernez la vostre,
Laissez-moy, je vous prie, à mon gré regir l'autre.

ARISTE.

Il me semble....

SGANARELLE.

Il me semble, & je le dis tout haut,
Que sur un tel sujet, c'est parler comme il faut.
Vous souffrez que la vostre, aille leste & pimpante,
Je le veux bien: qu'elle ait, & laquais, & suivante,
J'y consens: qu'elle coure, aime l'oisiveté,
Et soit des damoizeaux fleurée en liberté;
J'en suis fort satisfait; mais j'entens que la mienne,
Vive à ma fantaisie, & non pas à la sienne;
Que d'une serge honneste, elle ait son vestement,
Et ne porte le noir, qu'aux bons jours seulement.
Qu'enfermée au logis en personne bien sage,
Elle s'applique toute aux choses du ménage;
A recoudre mon linge aux heures de loisir,

Ou

Ou bien à tricoter quelque bas par plaisir ;
Qu'aux discours des muguets, elle ferme l'oreille,
Et ne sorte jamais sans avoir qui la veille.
Enfin la chair est foible, & j'entends tous les bruits,
Je ne veux point porter des cornes, si je puis,
Et comme à m'épouser sa fortune l'appelle,
Je pretens corps pour corps, pouvoir répondre d'elle.

ISABELLE.

Vous n'avez pas sujet que je croy....

SGANARELLE.

Taisez-vous ;
Je vous apprendray-bien, s'il faut sortir sans nous.

LEONOR.

Quoy donc, Monsieur....

SGANARELLE.

Mon Dieu, Madame, sans langage,
Je ne vous parle pas, car vous estes trop sage.

LEONOR.

Voyez-vous Isabelle, avec nous à regret ?

SGANARELLE.

Ouy, vous me la gastez, puis qu'il faut parler net.
Vos visites ici, ne font que me déplaire,
Et vous m'obligerez de ne nous en plus faire.

LEONOR.

Voulez-vous que mon cœur, vous parle net aussi ?
J'ignore de quel œil, elle voit tout ceci,
Mais je sçay ce qu'en moy feroit la deffiance,
Et quoy qu'un même sang nous ait donné naissance ;
Nous sommes bien peu sœurs, s'il faut que chaque jour
Vos manieres d'agir luy donnent de l'amour.

LISETTE.

En effet tous ces soins sont des choses infames,
Sommes-nous chez les Turcs pour renfermer les femmes
Car on dit qu'on les tient esclaves en ce lieu,
Et que c'est pour cela, qu'ils sont maudits de Dieu.
Nostre honneur est, Monsieur, bien sujet à foiblesse,
S'il faut qu'il ait besoin qu'on le garde sans cesse:
Pensez-vous aprés tout que ces precautions,
Servent de quelque obstacle à nos intentions,
Et quand nous nous mettons quelque chose à la teste,
Que l'homme le plus fin, ne soit pas une beste?
Toutes ces gardes-là, sont visions de foux,
Le plus seur est ma foy de se fier en nous,
Qui nous gesne se met en un peril extréme,
Et toûjours nostre honneur, veut se garder luy-même.
C'est nous inspirer presque un desir de pescher,
Que montrer tant de soins de nous en empescher,
Et si par un mari, je me voyois contrainte,
J'aurois fort grande pente à confirmer sa crainte.

SGANARELLE.

Voilà, beau Precepteur, vostre education,
Et vous souffrez cela sans nulle émotion.

ARISTE.

Mon frere, son discours ne doit que faire rire,
Elle a quelque raison en ce qu'elle veut dire.
Leur sexe aime à joüir d'un peu de liberté,
On le retient fort mal par tant d'austerité,
Et les soins deffians, les verroux, & les grilles,
Ne font pas la vertu des femmes, ny des filles,
C'est l'honneur qui les doit tenir dans le devoir,
Non la severité que nous leur faisons voir.
C'est une estrange chose à vous parler sans feinte,

Qu'une

Qu'une femme qui n'eſt ſage que par contrainte;
En vain ſur tous ſes pas nous pretendons regner,
Je trouve que le cœur eſt ce qu'il faut gagner,
Et je ne tiendrois moy, quelque ſoin qu'on ſe donne,
Mon honneur guere ſeur aux mains d'une perſonne,
A qui, dans les deſirs qui pourroient l'aſſaillir,
Il ne manqueroit rien qu'un moyen de faillir.

SGANARELLE.

Chanſons que tout cela.

ARISTE.

Soit, mais je tiens ſans ceſſe,
Qu'il nous faut en riant inſtruire la jeuneſſe,
Reprendre ſes defauts avec grande douceur,
Et du nom de vertu ne luy point faire peur;
Mes ſoins pour Leonor ont ſuivi ces maximes.
Des moindres libertez je n'ay point fait des crimes,
A ſes jeunes deſirs j'ay toûjours conſenti,
Et je ne m'en ſuis point, grace au Ciel, repenti;
J'ay ſouffert qu'elle ait veu les belles compagnies,
Les divertiſſemens, les Bals, les Comedies;
Ce ſont choſes, pour moy, que je tiens de tout temps,
Fort propres à former l'eſprit des jeunes gens,
Et l'Eſcole du monde en l'air dont il faut vivre,
Inſtruit mieux à mon gré que ne fait aucun livre:
Elle aime à deſpenſer en habits, linge, & nœuds;
Que voulez-vous, je tâche à contenter ſes vœux,
Et ce ſont des plaiſirs qu'on peut dans nos familles,
Lors que l'on a du bien, permettre aux jeunes filles,
Un ordre paternel l'oblige à m'épouſer;
Mais mon deſſein n'eſt pas de la tyranniſer,

Je sçay bien que nos ans ne se rapportent guere,
Et je laisse à son choix liberté tout entiere,
Si quatre mille escus de rente bien venans,
Une grande tendresse, & des soins complaisans,
Peuvent à son avis pour un tel mariage,
Reparer entre nous l'inégalité d'âge;
Elle peut m'épouser, sinon choisir ailleurs,
Je consens que sans moy ses destins soient meilleurs,
Et j'aime mieux la voir sous un autre hymenée,
Que si contre son gré sa main m'estoit donnée.

SGANARELLE.

Hé qu'il est doucereux, c'est tout sucre, & tout miel.

ARISTE.

Enfin c'est mon humeur, & j'en rends grace au Ciel,
Je ne suivrois jamais ces maximes severes,
Qui font que les enfans content les jours des peres.

SGANARELLE.

Mais ce qu'en la jeunesse on prend de liberté,
Ne se retranche pas avec facilité,
Et tous ses sentimens suivront mal vostre envie,
Quand il faudra changer sa maniere de vie.

ARISTE.

Et pourquoy la changer?

SGANARELLE.

Pourquoy?

ARISTE.

Ouy?

SGANARELLE.

Je ne sçay:

ARISTE.

Y voit-on quelque chose où l'honneur soit blessé.

SGANARELLE.

Quoy si vous l'épousez elle pourra pretendre
Les mêmes libertez que fille on luy voit prendre?

ARISTE.

Pourquoy non?

SGANARELLE.

Vos desirs luy seront complaisans.
Jusques à luy laisser, & mouches, & rubans?

ARISTE.

Sans doute.

SGANARELLE.

A luy souffrir en cervelle troublée,
De courir tous les Bals, & les lieux d'assemblée?

ARISTE.

Ouy vrayement.

SGANARELLE.

Et chez vous iront les damoizeaux?

ARISTE.

Et quoy donc?

SGANARELLE.

Qui jouëront, & donneront cadeaux?

ARISTE.

D'accord;

SGANARELLE.

Et vostre femme entendra les fleurettes?

ARISTE.

Fort bien.

SGANARELLE.

Et vous verrez ces visites muguettes,
D'un œil à témoigner de n'en estre point soû?

ARISTE.

Cela s'entend:

SGANARELLE,

à Isabelle. Allez, vous estes un vieux foû.
Rentrez pour n'ouyr point cette pratique infame.

ARISTE.

Je veux m'abandonner à la foy de ma femme,
Et pretens toûjours vivre ainsi que j'ay vescu.

SGANARELLE.

Que j'auray de plaisir si l'on le fait cocu.

ARISTE.

J'ignore pour quel sort mon astre m'a fait naistre ;
Mais je sçay que pour vous, si vous manquez de l'estre,
On ne vous en doit point imputer le defaut,
Car vos soins pour cela sont bien tout ce qu'il faut.

SGANARELLE.

Riez donc, beau rieur, ô que cela doit plaire,
De voir un goguenard presque sexagenaire.

LEONOR.

Du sort dont vous parlez je le garantis moy,
S'il faut que par l'hymen il reçoive ma foy,
Il s'y peut asseurer, mais sçachez que mon ame,
Ne répondroit de rien si j'estois vostre femme.

LISETTE.

C'est conscience à ceux qui s'asseurent en nous ;
Mais c'est pain beni, certe, à des gens comme vous.

SGANARELLE.

Allez langue maudite, & des plus mal-aprises.

ARISTE.

Vous vous estes, mon frere, attiré ces sottises,
Adieu, changez d'humeur, & soyez averti,
Que renfermer sa femme, est le mauvais parti,
Je suis vostre valet.

SGANARELLE.

Je ne suis pas le vostre,
O que les voila bien tous formez l'un pour l'autre !
Quelle belle famille ! un vieillard insensé,
Qui fait le dameret dans un corps tout cassé,
Une fille Maistresse, & Coquette suprême,
Des valets impudens, non la sagesse même,
N'en viendroit pas à bout, perdroit sens & raison,
A vouloir corriger une telle maison,
Isabelle pourroit perdre dans ces hantises,

Les

Les semences d'honneur qu'avec nous elle a prises,
Et pour l'en empescher dans peu nous pretendons,
Luy faire aller revoir nos choux & nos dindons.

SCENE III.

ERGASTE, VALERE, SGANARELLE.

VALERE.

Ergaste, le voila, cet argus que j'abhorre,
Le severe Tuteur de celle que j'adore.

SGANARELLE.

N'est-ce pas quelque chose enfin de surprenant,
Que la corruption des mœurs de maintenant.

VALERE.

Je voudrois l'accoster, s'il est en ma puissance,
Et tâcher de lier avec luy connoissance.

SGANARELLE.

Au lieu de voir regner cette severité,
Qui composoit si bien l'ancienne honnesteté;
La jeunesse en ces lieux, libertine, absoluë,
Ne prend....

VALERE.

Il ne voit pas que c'est luy qu'on saluë.

ERGASTE.

Son mauvais œil, peut-estre, est de ce costé-ci:
Passons du costé droit.

SGANARELLE.

Il faut sortir d'ici.
Le sejour de la ville en moy ne peut produire
Que des....

VALERE.

Il faut chez luy tâcher de m'introduire.

SGA-

SGANARELLE.

Heu? j'ay creu qu'on parloit. Aux champs, graces aux cieux;
Les sottises du temps ne blessent point mes yeux.

ERGASTE.

Abordez-le.

SGANARELLE.

Plaist-il? les oreilles me cornent.
Là, tous les passe-temps de nos filles se bornent....
Est-ce à nous?

ERGASTE.

Approchez.

SGANARELLE.

Là nul godelureau
Ne vient.... que diable.... encor? que de coups de chapeau.

VALERE.

Monsieur, un tel abord vous interrompt peut-estre?

SGANARELLE.

Cela se peut;

VALERE.

Mais quoy? l'honneur de vous connoistre
Est un si grand bon-heur, est un si doux plaisir,
Que de vous saluër, j'avois un grand desir.

SGANARELLE.

Soit.

VALERE.

Et de vous venir; mais sans nul artifice,
Asseurer que je suis tout à vostre service.

SGANARELLE.

Je le croy.

VALERE.

J'ay le bien d'estre de vos voisins,
Et j'en dois rendre grace à mes heureux destins.

SGANARELLE.

C'eſt bien fait.

VALERE.

Mais Monſieur ſçavez-vous les nouvelles
Que l'on dit à la Cour, & qu'on tient pour fidelles ?

SGANARELLE.

Que m'importe.

VALERE.

Il eſt vray; mais pour les nouveautez ;
On peut avoir par fois des curioſitez :
Vous irez voir, Monſieur, cette magnificence,
Que de noſtre Dauphin prepare la naiſſance?

SGANARELLE.

Si je veux.

VALERE.

Avoüons que Paris nous fait part
De cent plaiſirs charmans qu'on n'a point autre-part ;
Les Provinces auprés ſont des lieux ſolitaires,
A quoy donc paſſez-vous le temps ?

SGANARELLE.

A mes affaires.

VALERE.

L'eſprit veut du relâche, & ſuccombe par fois,
Par trop d'attachement aux ſerieux emplois.
Que faites-vous les ſoirs avant qu'on ſe retire ?

SGANARELLE.

Ce qui me plaiſt.

VALERE.

Sans doute on ne peut pas mieux dire ;
Cette réponce eſt juſte, & le bon ſens paroiſt,
A ne vouloir jamais faire que ce qui plaiſt.
Si je ne vous croyois l'ame trop occupée,
J'irois par fois chez vous paſſer l'aprés-ſoupée.

SGANARELLE.

Serviteur.

SCENE IV.

VALERE, ERGASTE.

VALERE.

Que dis-tu de ce bizarre fou?

ERGASTE.

Il a le repart brusque, & l'accoeuil loup-garou.

VALERE.

Ah! j'enrage.

ERGASTE.

Et dequoy?

VALERE.

Dequoy, c'est que j'enrage?
De voir celle que j'aime au pouvoir d'un sauvage,
D'un dragon surveillant, dont la severité,
Ne luy laisse joüir d'aucune liberté.

ERGASTE.

C'est ce qui fait pour vous, & sur ces consequences,
Vostre amour doit fonder de grandes esperances;
Apprenez pour avoir vostre esprit raffermi,
Qu'une femme qu'on garde est gagnée à demi,
Et que les noirs chagrins des maris ou des peres,
Ont toûjours du galant avancé les affaires.
Je caquette fort peu, c'est mon moindre talent,
Et de profession, je ne suis point galant;
Mais j'en ay servi vingt de ces chercheurs de proye,
Qui disoient fort souvent que leur plus grande joye
Estoit de rencontrer de ces maris fascheux,
Qui jamais sans gronder ne reviennent chez eux,
De ces brutaux fieffez, qui sans raison ny suite,

De

De leurs femmes en tout controlent la conduite ;
Et du nom de mari fierement se parans,
Leur rompent en visiere aux yeux des soûpirans.
On en sçait, disent-ils, prendre ses avantages,
Et l'aigreur de la Dame à ces sortes d'outrages,
Dont la plaint doucement le complaisant témoin,
Est un champ à pousser les choses assez loin ;
En un mot ce vous est une attente assez belle,
Que la severité du Tuteur d'Isabelle.

VALERE.

Mais depuis quatre mois que je l'aime ardemment,
Je n'ay pour luy parler pû trouver un moment.

ERGASTE.

L'amour rend inventif, mais vous ne l'estes guere,
Et si j'avois esté....

VALERE.

Mais qu'aurois-tu pû faire ?
Puisque sans ce brutal on ne la voit jamais,
Et qu'il n'est là dedans servantes ny valets,
Dont par l'appas flatteur de quelque recompence,
Je puisse pour mes feux ménager l'assistance.

ERGASTE.

Elle ne sçait donc pas encor que vous l'aimez ?

VALERE.

C'est un point dont mes vœux ne sont point informez,
Par tout où ce farouche a conduit cette belle,
Elle m'a toûjours veu comme une ombre aprés elle,
Et mes regards aux siens ont tâché chaque jour,
De pouvoir expliquer l'excés de mon amour :
Mes yeux ont fort parlé ; mais qui me peut apprendre,
Si leur langage enfin a pû se faire entendre ?

ER-

ERGASTE.

Ce langage, il eſt vray, peut eſtre obſcur par fois,
S'il n'a pour truchemant l'ecriture ou la voix.

VALERE.

Que faire pour ſortir de cette peine extréme,
Et ſçavoir ſi la belle a connu que je l'aime?
Dy m'en quelque moyen.

ERGASTE.

C'eſt ce qu'il faut trouver,
Entrons un peu chez vous afin d'y mieux réver.

ACTE

ACTE II.

SCENE I.

ISABELLE, SGANARELLE.

SGANARELLE.

VA, je sçay la maison, & connois la personne,
Aux marques seulement, que ta bouche me donne;

à part. ISABELLE.

O Ciel sois moy propice, & seconde en ce jour,
Le stratageme adroit, d'une innocente amour.

SGANARELLE.

Dis-tu pas qu'on t'a dit, qu'il s'appelle Valere?

ISABELLE.

Ouy.

SGANARELLE.

Va, sois en repos, r'entre, & me laisse faire,
Je vais parler sur l'heure, à ce jeune étourdi.

ISABELLE.

Je fais pour une fille, un projet bien hardi;
Mais l'injuste rigueur, dont envers moy l'on use,
Dans tout esprit bien fait, me servira d'excuse.

SCENE II.

SGANARELLE, ERGASTE, VALERE.

SGANARELLE.

NE perdons point de temps, c'est ici, qui velà?
Bon je réve, hola, dis-je, hola, quelqu'un, hola;
Je ne m'estonne pas, aprés cette lumiere,
S'il y venoit tantost de si douce maniere;

Mais

Mais je veux me haster, & de son fol espoir....
Peste soit du gros bœuf, qui pour me faire choir,
Se vient devant mes pas planter comme une perche.

VALERE.

Monsieur, j'ay du regret....

SGANARELLE.

Ah ! c'est vous que je cherche.

VALERE.

Moy, Monsieur ?

SGANARELLE.

Vous, Valere est-il pas vostre nom ?

VALERE.

Ouy.

SGANARELLE.

Je viens vous parler, si vous le trouvez bon.

VALERE.

Puis-je estre assez heureux pour vous rendre service.

SGANARELLE.

Non, mais je pretens moy, vous rendre un bon office,
Et c'est ce qui chez vous, prend droit de m'amener;

VALERE.

Chez moy, Monsieur ?

SGANARELLE.

Chez vous, faut-il tant s'étonnner ?

VALERE.

J'en ay bien du sujet, & mon ame ravie,
De l'honneur....

SGANARELLE.

Laissons-là cet honneur, je vous prie.

VALERE.

Voulez-vous par entrer ?

SGANARELLE.

Il n'en est pas besoin.

VALERE.

Monsieur, de grace.

SGANARELLE.

Non, je n'iray pas plus loin.

VALERE.

Tant que vous serez-là, je ne puis vous entendre.

SGANARELLE.

Moy je n'en veux bouger.

VALERE.

Eh bien, il faut se rendre,
Viste, puisque Monsieur à cela se resout ?
Donnez un siege ici.

SGANARELLE.

Je veux parler debout.

VALERE.

Vous souffrir de la sorte ?

SGANARELLE.

Ah, contrainte effroyable.

VALERE.

Cette incivilité seroit trop condamnable.

SGANARELLE.

C'en est une que rien ne sçauroit égaler ;
De n'oüir pas les gens qui veulent nous parler.

VALERE.

Je vous obeïs donc.

SGANARELLE.

Vous ne sçauriez mieux faire ;
Tant de ceremonie est fort peu necessaire :
Voulez-vous m'écouter.

VALERE.

Sans doute, & de grand cœur.

SGANARELLE.

Sçavez-vous, dites moy, que je suis le tuteur,
D'une fille assez jeune, & passablement belle,
Qui loge en ce quartier, & qu'on nomme Isabelle ?

VALERE.

Ouy.

SGANARELLE.

Si vous le ſçavez, je ne vous l'apprens pas,
Mais ſçavez-vous auſſi, luy trouvant des appas;
Qu'autrement qu'en tuteur ſa perſonne me touche.
Et qu'elle eſt deſtinée à l'honneur de ma couche.

VALERE.

Non.

SGANARELLE.

Je vous l'apprens donc, & qu'il eſt à propos,
Que vos feux, s'il vous plaiſt, la laiſſent en repos.

VALERE.

Qui moy, Monſieur?

SGANARELLE.

Ouy vous, mettons bas toute feinte.

VALERE.

Qui vous a dit, que j'ay pour elle l'ame atteinte?

SGANARELLE.

Des gens à qui l'on peut donner quelque credit.

VALERE.

Mais encor?

SGANARELLE.

Elle-même.

VALERE.

Elle?

SGANARELLE.

Elle, eſt-ce aſſez dit;
Comme une fille honneſte, & qui m'aime d'enfance,
Elle vient de m'en faire entiere confidence;
Et de plus m'a chargé de vous donner avis,
Que depuis que par vous, tous ſes pas ſont ſuivis;
Son cœur qu'avec excés voſtre pourſuitte outrage,
N'a que trop de vos yeux entendu le langage:
Que vos ſecrets deſirs luy ſont aſſez connus,

Et que c'est vous donner des soucis superflus ;
De vouloir davantage expliquer une flâme,
Qui choque l'amitié que me garde son ame.

VALERE.

C'est elle, dites-vous, qui de sa part vous fait....

SGANARELLE.

Ouy, vous venir donner cet avis franc & net,
Et qu'ayant veu l'ardeur dont vostre ame est blessée,
Elle vous eust plûtost fait sçavoir sa pensée ;
Si son cœur avoit eu dans son émotion,
A qui pouvoir donner cette commission ;
Mais qu'enfin les douleurs d'une contrainte extréme,
L'ont reduite à vouloir se servir de moy-même ;
Pour vous rendre adverti, comme je vous ay dit,
Qu'à tout autre que moy son cœur est interdit ;
Que vous avez assez joüé de la prunelle,
Et que si vous avez tant-soit-peu de cervelle,
Vous prendrez d'autres soins, adieu jusqu'au revoir,
Voilà ce que j'avois à vous faire sçavoir.

VALERE.

Ergaste, que dis-tu, d'une telle avanture ?

SGANARELLE.

Le voilà bien surpris ?

ERGASTE, *à part.*

Selon ma conjecture,
Je tiens, qu'elle n'a rien de déplaisant pour vous,
Qu'un mystere assez fin, est caché la-dessous,
Et qu'enfin cet avis n'est pas d'une personne,
Qui veuille voir cesser l'amour qu'elle vous donne.

SGANARELLE, *à part.*

Il en tient comme il faut.

VALERE.

Tu crois mysterieux....

ERGASTE.

Ouy.... mais il nous observe, ostons nous de ses yeux.

SGANARELLE.

Que sa confusion paroist sur son visage,
Il ne s'attendoit pas sans doute à ce message;
Appellons Isabelle, elle monstre le fruit,
Que l'education dans une ame produit,
La vertu fait ses soins, & son cœur s'y consomme,
Jusques à s'offenser des seuls regards d'un homme.

SCENE III.

ISABELLE, SGANARELLE.

ISABELLE.

J'Ay peur que cet Amant plein de sa passion,
N'ait pas de mon advis compris l'intention;
Et j'en veux dans les fers, où je suis prisonniere,
Hazarder un qui parle avec plus de lumiere.

SGANARELLE.

Me voilà de retour.

ISABELLE.

Et bien?

SGANARELLE.

Un plein effet
A suivi tes discours, & ton homme a son fait;
Il me vouloit nier que son cœur fust malade;
Mais lors que de ta part j'ay marqué l'ambassade,
Il est resté d'abord, & muet, & confus,
Et je ne pense pas qu'il y revienne plus.

ISABELLE.

Ha! que me dites-vous, j'ay bien peur du contraire,
Et qu'il nous prepare encor plus d'une affaire.

SGA-

SGANARELLE.

Et surquoy fondes-tu cette peur que tu dis ?

ISABELLE.

Vous n'avez pas esté plûtost hors du logis,
Qu'ayant, pour prendre l'air, la teste à ma fenestre,
J'ay veu dans ce détour un jeune homme paroistre,
Qui d'abord de la part de cet impertinent,
Est venu me donner un bon jour surprenant,
Et m'a droit dans ma chambre une boëte jettée,
Qui renferme une lettre en poulet cachetée ;
J'ay voulu sans tarder luy rejetter le tout ;
Mais ses pas de la ruë avoient gagné le bout,
Et je m'en sens le cœur tout gros de fâcherie.

SGANARELLE.

Voyez un peu la ruse & la friponnerie.

ISABELLE.

Il est de mon devoir de faire promptement
Reporter boëte & lettre, à ce maudit Amant,
Et j'aurois pour cela besoin d'une personne ;
Car d'oser à vous même.....

SGANARELLE.

Au contraire mignonne,
C'est me faire mieux voir ton amour & ta foy,
Et mon cœur avec joye accepte cet employ,
Tu m'obliges par là plus que je ne puis dire.

ISABELLE.

Tenez donc.

SGANARELLE.

Bon, voyons ce qu'il a peu t'écrire.

ISABELLE.

Ah ! Ciel, gardez-vous bien de l'ouvrir.

SGANARELLE.

Et pourquoy ?

ISABELLE.

Luy voulez-vous donner à croire que c'est moy,
Une fille d'honneur doit toûjours se deffendre

De lire les billets qu'un homme luy fait rendre,
La curiosité, qu'on fait lors éclater,
Marque un secret plaisir de s'en ouyr conter,
Et je trouve à propos, que toute cachetée,
Cette lettre luy soit promptement raportée,
Afin que d'autant mieux il connoisse aujourd'huy,
Le mepris éclatant que mon cœur fait de luy,
Que ses feux desormais perdent toute esperance,
Et n'entreprennent plus pareille extravagance.

SGANARELLE.

Certes elle a raison, lors qu'elle parle ainsi,
Va ta vertu me charme, & ta prudence aussi,
Je vois que mes leçons ont germé dans ton ame,
Et tu te monstres digne enfin d'estre ma femme.

ISABELLE.

Je ne veux pas pourtant gesner vostre desir,
La lettre est en vos mains, & vous pouvez l'ouvrir.

SGANARELLE.

Non je n'ay garde! helas, tes raisons sont trop bonnes,
Et je vais m'acquitter du soin que tu me donnes,
A quatre pas de là dire ensuite deux mots,
Et revenir ici te remettre en repos.

SCENE IV.

SGANARELLE, ERGASTE.

SGANARELLE.

DAns quel ravissement est-ce que mon cœur nage,
Lors que je vois en elle une fille si sage,
C'est un thresor d'honneur que j'ay dans ma maison,
Prendre un regard d'amour pour une trahison,
Recevoir un poulet comme une injure extréme,

Et

Et le faire au galant raporter par moy-même,
Je voudrois bien sçavoir en voyant tout ceci,
Si celle de mon frere en useroit ainsi;
Ma foy les filles sont ce que l'on les fait estre.
Hola.

ERGASTE.

Qu'est-ce?

SGANARELLE.

Tenez, dites à vostre Maistre,
Qu'il ne s'ingere pas d'oser écrire encor
Des lettres qu'il envoye avec des boëtes d'or,
Et qu'Isabelle en est puissamment irritée,
Voyez, on ne l'a pas au-moins décachetée,
Il connoistra l'estat que l'on fait de ses feux,
Et quel heureux succez il doit esperer d'eux.

SCENE V.

VALERE, ERGASTE.

VALERE.

Que vient de te donner cette farouche beste?

ERGASTE.

Cette lettre, Monsieur, qu'avecque cette boëte,
On pretend qu'ait receuë Isabelle de vous,
Et dont elle est, dit-il, en un fort grand courroux;
C'est sans vouloir l'ouvrir qu'elle vous la fait rendre,
Lisez viste, & voyons si je me puis méprendre.

LETTRE.

Cette lettre vous surprendra sans doute, & l'on peut trouver bien hardi pour moy, & le dessein de vous l'écrire, & la maniere de vous la faire tenir; mais je me voy dans un estat à ne plus garder de mesures; la juste horreur d'un d'un mariage, dont je suis menacée dans six jours, me fait hazarder toutes choses, & dans la resolution de m'en affranchir par quelque voye que ce soit, j'ay creu que je devois plûtost vous choisir que le desespoir. Ne croyez pas pourtant que vous soyez redevable de tout à ma mauvaise destinee; ce n'est pas la contrainte où je me trouve qui a fait naistre les sentimens que j'ay pour vous; mais c'est elle qui en precipite le témoignage, & qui me fait passer sur des formalitez où la bienséance du sexe oblige. Il ne tiendra qu'à vous que je sois à vous bien-tost, & j'attens seulement que vous m'ayez marqué les intentions de vostre amour, pour vous faire sçavoir la resolution que j'ay prise; mais sur tout songez que le temps presse, & que deux cœurs qui s'aiment, doivent s'entendre à demi mot.

ERGASTE.

Hé bien, Monsieur, le tour est-il d'original,
Pour une jeune fille, elle n'en sçait pas mal,
De ces ruses d'amour la croiroit-on capable?

VALERE.

Ah! je la trouve là tout à fait adorable,
Ce trait de son esprit & de son amitié,
Accroist pour elle encor, mon amour de moitié,
Et joint aux sentimens que sa beauté m'inspire.....

ERGASTE.

Le dupe vient, songez à ce qu'il vous faut dire.

SCENE VI.

SGANARELLE, VALERE, ERGASTE.

SGANARELLE.

O Trois & quatre fois, beni soit cet Edit!
Par qui des vestemens le luxe est interdit;
Les peines des Maris ne seront plus si grandes,

Et

Et les femmes auront un frein à leurs demandes.
O que je sçais au Roy bon gré de ces décris !
Et que pour le repos de ces mêmes Maris,
Je voudrois bien qu'on fist de la coquetterie
Comme de la guippure & de la broderie !
J'ay voulu l'acheter l'Edit expressement,
Afin que d'Isabelle il soit leu hautement,
Et ce sera tantost, n'estant plus occupée,
Le divertissement de nostre aprés soupée.
Envoyrez-vous encor, Monsieur aux blons cheveux,
Avec des boëtes d'or, des billets amoureux ?
Vous pensiez bien trouver quelque jeune coquette,
Friande de l'intrigue, & tendre à la fleurette,
Vous voyez de quel air on reçoit vos joyaux ;
Croyez-moy, c'est tirer vostre poudre aux moineaux.
Elle est sage, elle m'aime, & vostre amour l'outrage,
Prenez visée ailleurs, & troussez-moy bagage.

VALERE.

Ouy, ouy, vostre merite à qui chacun se rend,
Est à mes vœux, Monsieur, un obstacle trop grand,
Et c'est folie à moy, dans mon ardeur fidelle,
De pretendre avec vous à l'amour d'Isabelle.

SGANARELLE.

Il est vray, c'est folie.

VALERE.

Aussi n'aurois-je pas
Abandonné mon cœur à suivre ses appas,
Si j'avois pû sçavoir que ce cœur miserable,
Dûst trouver un rival comme vous redoutable.

SGANARELLE.

Je le croi.

VALERE.

Je n'ay garde à present d'esperer,

Je vous cede, Monsieur, & c'est sans murmurer.

SGANARELLE.

Vous faites bien.

VALERE.

Le droit de la sorte l'ordonne;
Et de tant de vertus brille vostre personne,
Que j'aurois tort de voir d'un regard de courroux,
Les tendres sentimens qu'Isabelle a pour vous.

SGANARELLE.

Cela s'entend.

VALERE.

Ouy, ouy, je vous quitte la place;
Mais je vous prie au moins, & c'est la seule grace,
Monsieur, que vous demande un miserable Amant,
Dont vous seul aujourd'huy causez tout le tourment.
Je vous conjure donc d'asseurer Isabelle,
Que si depuis trois mois mon cœur brûle pour elle,
Cette amour est sans tache, & n'a jamais pensé
A rien dont son honneur ait lieu d'estre offensé.

SGANARELLE.

Ouy.

VALERE.

Que ne dépendant que du choix de mon ame,
Tous mes desseins estoient de l'obtenir pour femme,
Si les destins en vous, qui captivez son cœur,
N'opposoient un obstacle à cette juste ardeur.

SGANARELLE.

Fort bien.

VALERE.

Que quoy qu'on fasse, il ne luy faut pas croire,
Que jamais ses appas sortent de ma memoire,
Que quelque Arrest des Cieux, qu'il me faille subir,

Mon

Mon sort est de l'aimer jusqu'au dernier soûpir,
Et que si quelque chose étouffe mes poursuittes,
C'est le juste respect que j'ay pour vos merites.

SGANARELLE.

C'est parler sagement, & je vais de ce pas
Luy faire ce discours, qui ne la choque pas;
Mais si vous me croyez, tachez de faire en sorte,
Que de vostre cerveau cette passion sorte.
Adieu.

ERGASTE.

La dupe est bonne.

SGANARELLE.

Il me fait grand pitié,
Ce pauvre mal-heureux trop rempli d'amitié;
Mais c'est un mal pour luy de s'estre mis en teste,
De vouloir prendre un fort qui se voit ma conqueste.

SCENE VII.

SGANARELLE, ISABELLE.

SGANARELLE.

Jamais Amant n'a fait tant de trouble éclater,
Au poulet renvoyé sans se décacheter:
Il perd toute esperance, enfin, & se retire;
Mais il m'a tendrement conjuré de te dire,
Que du moins en t'aimant il n'a jamais pensé
A rien dont ton honneur ait lieu d'estre offensé,
Et que ne dependant que du choix de son ame,
Tous ses desirs estoient de t'obtenir pour femme,
Si les destins en moy, qui captive ton cœur,
N'opposoient un obstacle à cette juste ardeur,
Que quoy qu'on puisse faire il ne te faut pas croire,
Que jamais tes appas sortent de sa memoire:
Que quelque arrest des cieux qu'il luy faille subir,

Son sort est de t'aimer jusqu'au dernier soûpir.
Et que si quelque chose étouffe sa poursuitte,
C'est le juste respect qu'il a pour ton merite,
Ce sont ses propres mots, & loin de le blasmer,
Je le trouve honneste homme, & le plains de t'aimer.

ISABELLE *bas.*

Ses feux ne trompent point ma secrette croyance,
Et toûjours ses regards m'en ont dit l'innocence.

SGANARELLE.

Que dis-tu ?

ISABELLE.

Qu'il m'est dur que vous plaigniez si fort
Un homme que je hays à l'egal de la mort ;
Et que si vous m'aimiez autant que vous le dites,
Vous sentiriez l'affront que me font les poursuittes.

SGANARELLE.

Mais il ne sçavoit pas tes inclinations,
Et par l'honnesteté de ses intentions
Son amour ne merite.....

ISABELLE.

Est-ce les avoir bonnes,
Dites-moy de vouloir enlever les personnes,
Est-ce estre homme d'honneur de former des desseins,
Pour m'épouser de force en m'ostant de vos mains,
Comme si j'estois fille à suporter la vie,
Aprés qu'on m'auroit fait une telle infamie.

SGANARELLE.

Comment.

ISABELLE.

Ouy, ouy, j'ay sceu que ce traistre Amant
Parle de m'obtenir par un enlevement.
Et j'ignore pour moy les pratiques secretes,
Qui l'ont instruit si-tost du dessein que vous faites,

De

De me donner la main dans huict jours au plus tard,
Puisque ce n'est que d'hier que vous m'en fistes part;
Mais il veut prevenir, dit-on, cette journée,
Qui doit à vostre sort unir ma destinée.

SGANARELLE.

Voila qui ne vaut rien.

ISABELLE.

O que pardonnez-moy,
C'est un fort honneste homme, & qui ne sent pour moy....

SGANARELLE.

Il a tort, & cecy passe la raillerie.

ISABELLE.

Allez vostre douceur entretient sa folie,
S'il vous eust veu tantost luy parler vertement,
Il craindroit vos transports, & mon ressentiment;
Car c'est encore depuis sa lettre méprisée,
Qu'il a dit ce dessein qui m'a scandalisée,
Et son amour conserve ainsi que je l'ay sceu,
La croyance qu'il est dans mon cœur bien receu,
Que je fuis vostre hymen, quoy que le monde en croye,
Et me verrois tirer de vos mains avec joye.

SGANARELLE.

Il est fou.

ISABELLE.

Devant vous il sçait se déguiser,
Et son intention est de vous amuser,
Croyez par ces beaux mots, que le traistre vous joüe,
Je suis bien mal-heureuse, il faut que je l'avoüe.
Qu'avecque tous mes soins pour vivre dans l'honneur,
Et rebutter les vœux d'un lasche suborneur,
Il faille estre exposée aux fascheuses surprises,
De voir faire sur moy d'infames entreprises.

SGANARELLE.

Va ne redoute rien.

ISABELLE.

Pour moy je vous le di,
Si vous n'éclatez fort contre un trait si hardi,
Et ne trouvez bien-tost moyen de me défaire,
Des persecutions d'un pareil temeraire,
J'abandonneray tout, & renonce à l'ennuy,
De souffrir les affronts que je reçois de luy.

SGANARELLE.

Ne t'afflige point tant, va ma petite femme,
Je m'en vais le trouver, & luy chanter sa gamme.

ISABELLE.

Dites-luy bien au moins, qu'il le nieroit en vain,
Que c'est de bonne part qu'on m'a dit son dessein,
Et qu'aprés cet avis, quoy qu'il puisse entreprendre,
J'ose le defier de me pouvoir surprendre;
Enfin que sans plus perdre & soûpirs & momens,
Il doit sçavoir pour vous quels sont mes sentimens,
Et que si d'un malheur il ne veut estre cause,
Il ne se fasse pas deux fois dire une chose.

SGANARELLE.

Je diray ce qu'il faut.

ISABELLE.

Mais tout cela d'un ton
Qui marque que mon cœur luy parle tout de bon.

SGANARELLE.

Va je n'oublieray rien, je t'en donne asseurance.

ISABELLE.

J'attens vostre retour avec impatience,
Hastez-le, s'il vous plaist, de tout vostre pouvoir,
Je languis quand je suis un moment sans vous voir.

SGANARELLE.

Va pouponne, mon cœur, je reviens tout à l'heure,

Est-il

Est-il une personne, & plus sage & meilleure,
Ah ! que je suis heureux, & que j'ay de plaisir,
De trouver une femme au gré de mon desir,
Ouy, voila comme il faut que les femmes soient
faites,
Et non comme j'en sçay, de ces franches coquet-
tes,
Qui s'en laissent conter, & font dans tout Paris
Monstrer au bout du doigt leurs honnestes maris ;
Hola, nostre galant aux belles entreprises.

SCENE VIII.

VALERE, SGANARELLE, ERGASTE.

VALERE.

Monsieur, qui vous rameine en ce lieu ?

SGANARELLE.

Vos sottises.

VALERE.

Comment ?

SGANARELLE.

Vous sçavez bien dequoy je veux parler ;
Je vous croyois plus sage à ne vous rien celer,
Vous venez m'amuser de vos belles paroles,
Et conservez sous main des esperances folles ;
Voyez-vous, j'ay voulu doucement vous traitter,
Mais vous m'obligerez à la fin d'éclater,
N'avez-vous point de honte, estant ce que vous
estes,
De faire en vostre esprit les projets que vous fai-
tes,
De pretendre enlever une fille d'honneur,
Et troubler un hymen qui fait tout son bon-
heur.

VALERE.

Qui vous a dit, Monsieur, cette étrange nouvelle ?

SGANARELLE.

Ne dissimulons point, je la tiens d'Isabelle,
Qui vous mande par moy, pour la derniere fois,
Qu'elle vous a fait voir assez quel est son choix,
Que son cœur tout à moy d'un tel projet s'offense,
Qu'elle mourroit plûtost, qu'en souffrir l'insolence;
Et que vous causerez de terribles éclats,
Si vous ne mettez fin à tout cet embarras.

VALERE.

S'il est vray qu'elle ait dit ce que je viens d'entendre,
J'avoüeray que mes feux n'ont plus rien à pretendre,
Par ces mots assez clairs, je vois tout terminé,
Et je dois reverer l'arrest qu'elle a donné.

SGANARELLE.

Si vous en doutes donc, & prenez pour des feintes,
Tout ce que de sa part je vous ay fait des plaintes ?
Voulez-vous qu'elle-même elle explique son cœur,
J'y consens volontiers pour vous tirer d'erreur,
Suivez moy, vous verrez s'il est rien que j'avance,
Et si son jeune cœur entre nous deux balance.

SCENE IX.

ISABELLE, SGANARELLE, VALERE.

ISABELLE.

Quoy vous me l'amenez! quel est vostre dessein?
Prenez-vous contre moy ses interests en main,
Et voulez-vous charmé de ses rares merites,
M'obliger à l'aimer, & souffrir ses visites?

SGANARELLE.

Non ma mie, & ton cœur pour cela m'est trop cher;
Mais il prend mes avis pour des contes en l'air,
Croit que c'est moy qui parle, & te fait par adresse,
Pleine pour luy de haine, & pour moy de tendresse,
Et par moy-même enfin j'ay voulu sans retour,
Le tirer d'une erreur qui nourrit son amour.

ISABELLE.

Quoy! mon ame à vos yeux ne se monstre pas toute,
Et de mes vœux encor vous pouvez estre en doute?

VALERE.

Ouy, tout ce que Monsieur, de vostre part m'a dit,
Madame, a bien pouvoir de surprendre un esprit,
J'ay douté, je l'avouë, & cet arrest supréme,
Qui decide du sort de mon amour extréme,
Doit m'estre assez touchant pour ne pas s'offenser,
Que mon cœur par deux fois le fasse prononcer.

ISABELLE.

Non, non, un tel arrest ne doit pas vous surprendre,

Ce

Ce sont mes sentimens qu'il vous a fait entendre,
Et je les tiens fondez sur assez d'equité,
Pour en faire éclater toute la verité;
Ouy, je veux bien qu'on sçache, & j'en dois estre creuë,
Que le sort offre ici deux objets à ma veuë,
Qui m'inspirant pour eux differens sentimens,
De mon cœur agité font tous les mouvemens.
L'un par un juste choix où l'honneur m'interesse,
A toute mon estime & toute ma tendresse;
Et l'autre pour le prix de son affection,
A toute ma colere & mon aversion:
La presence de l'un m'est agreable & chere,
J'en reçois dans mon ame une allegresse entiere,
Et l'autre par sa veuë inspire dans mon cœur
De secrets mouvemens, & de haine & d'horreur.
Me voir femme de l'un est toute mon envie,
Et plûtost qu'estre à l'autre, on m'osteroit la vie;
Mais c'est assez monstrer mes justes sentimens,
Et trop long-temps languir dans ces rudes tourmens.
Il faut que ce que j'aime usant de diligence,
Fasse à ce que je hays perdre toute esperance,
Et qu'un heureux hymen affranchisse mon sort,
D'un suplice pour moy plus affreux que la mort.

SGANARELLE.

Ouy mignonne je songe à remplir ton attente.

ISABELLE.

C'est l'unique moyen de me rendre contente.

SGANARELLE.

Tu la seras dans peu.

ISABELLE.

Je sçay qu'il est honteux
Aux filles d'expliquer si librement leurs vœux.

SGANARELLE.

Point, point.

ISA-

ISABELLE.

Mais en l'estat où sont mes destinées,
De telles libertez doivent m'estre données,
Et je puis sans rougir faire un aveu si doux,
A celuy que déja je regarde en Espoux.

SGANARELLE.

Ouy ma pauvre fanfan, pouponne de mon ame.

ISABELLE.

Qu'il songe donc, de grace, à me prouver sa flâme.

SGANARELLE.

Ouy, tien baise ma main.

ISABELLE.

Que sans plus de soûpirs,
Il concluë un hymen qui fait tous mes desirs,
Et reçoive en ce lieu, la foy que je luy donne,
De n'écouter jamais les vœux d'autre personne.

SGANARELLE.

Hay, hay, mon petit nez, pauvre petit bouchon,
Tu ne languiras pas long-temps, je t'en répon,
Va chut. Vous le voyez, je ne luy fay pas dire,
Ce n'est qu'aprés moy seul que son ame respire.

VALERE.

Et bien, Madame, & bien, c'est s'expliquer assez,
Je voy par ce discours de quoy vous me pressez,
Et je sçauray dans peu vous oster la presence,
De celuy qui vous fait si grande violence.

ISABELLE.

Vous ne me sçauriez faire un plus charmant plaisir;
Car enfin cette veuë est fâcheuse à souffrir,
Elle m'est odieuse, & l'horreur est si forte.....

SGANARELLE.

Eh, eh ?

ISABELLE.

Vous offencé-je, en parlant de la sorte;
Fais je.....

SGANARELLE.

Mon Dieu, nenni, je ne dis pas cela ;
Mais je plains sans mentir l'estat où le voila ,
Et c'est trop hautement que ta haine se monstre.

ISABELLE.

Je n'en puis trop monstrer en pareille rencontre.

VALERE.

Ouy, vous serez contente , & dans trois jours vos yeux
Ne verront plus l'objet qui vous est odieux.

ISABELLE.

A la bonne heure ; Adieu.

SGANARELLE.

Je plains vostre infortune,
Mais.....

VALERE.

Non vous n'entendrez de mon cœur plainte aucune.
Madame, asseurement rend justice à tous deux ;
Et je vais travailler à contenter ses vœux ?
Adieu.

SGANARELLE.

Pauvre garçon, sa douleur est extréme ;
Tenez embrassez-moy, c'est un autre elle-même.

SCENE X.

ISABELLE, SGANARELLE.

SGANARELLE.

JE le tiens fort à plaindre ;

ISABELLE.

Allez il ne l'est point ;

SGANARELLE.

Au reste ton amour me touche au dernier point ,
Mignonnette, & je veux, qu'il ait sa recompense ,

C'est

C'est trop que de huict jours pour ton impatience,
Dés demain je t'épouse, & n'y veux appeller.....

ISABELLE.

Dés demain?

SGANARELLE.

Par pudeur tu feins d'y reculer,
Mais, je sçay bien la joye où ce discours te jette,
Et tu voudrois déja que la chose fust faite.

ISABELLE.

Mais.....

SGANARELLE.

Pour ce mariage allons tout preparer.

ISABELLE.

O Ciel! inspire moy ce qui peut le parer.

Fin du second Acte.

ACTE

ACTE III.

SCENE PREMIERE.

ISABELLE.

OUY le trespas cent fois, me semble moins à craindre,
Que cet hymen fatal, où l'on veut me contraindre ;
Et tout ce que je fais pour en fuir les rigueurs,
Doit trouver quelque grace auprés de mes censeurs,
Le temps presse, il fait nuict, allons sans crainte aucune,
A la foy d'un amant, commettre ma fortune.

SCENE II.

SGANARELLE, ISABELLE.

SGANARELLE.

JE reviens, & l'on va pour demain de ma part.....

ISABELLE.

O Ciel!

SGANARELLE.

C'est toy mignonne, où vas tu donc si tard?
Tu disois qu'en ta chambre estant un peu lassée,
Tu t'allois renfermer lors que je t'ay laissée ;
Et tu m'avois prié même que mon retour,
T'y souffrist en repos jusques à demain jour.

ISABELLE.

Il est vray, mais.....

SGA-

SGANARELLE.

Et quoy ?

ISABELLE.

Vous me croyez confuse,
Et je ne sçay comment vous en dire l'excuse ;

SGANARELLE.

Quoy donc, que pourroit-c'estre ?

ISABELLE.

Un secret surprenant ;
C'est ma sœur qui m'oblige à sortir maintenant ;
Et qui pour un dessein dont je l'ay fort blâmée,
M'a demandé ma chambre où je l'ay renfermée.

SGANARELLE.

Comment ?

ISABELLE.

L'eust-on pû croire, elle aime cet Amant,
Que nous avons banni.

SGANARELLE.

Valere ?

ISABELLE.

Eperdument ;
C'est un transport si grand, qu'il n'en est point de même,
Et vous pouvez juger de sa puissance extréme,
Puisque seule à cette heure, elle est venuë ici,
Me découvrir à moy son amoureux souci ;
Me dire absolument qu'elle perdra la vie,
Si son ame n'obtient l'effet de son envie,
Que depuis plus d'un an d'assez vives ardeurs,
Dans un secret commerce entretenoient leurs cœurs ;
Et que même ils s'estoient, leur flâme estant nouvelle,
Donné de s'épouser une foy mutuelle.

SGANARELLE.

La vilaine.

ISABELLE.

Qu'ayant appris le desespoir,
Où j'ay precipité celuy qu'elle aime à voir ;
Elle vient me prier de souffrir que sa flâme,
Puisse rompre un départ qui luy perceroit l'ame ;
Entretenir ce soir cet amant sous mon nom,
Par la petite ruë où ma chambre respond,
Luy peindre d'une voix qui contrefait la mienne,
Quelques doux sentimens dont l'appas le retienne ;
Et ménager enfin pour elle adroitement,
Ce que pour moy l'on sçait qu'il a d'attachement.

SGANARELLE.

Et tu trouves cela.....

ISABELLE.

Moy j'en suis courroucée ;
Quoy ma sœur, ay-je dit, estes-vous insensée,
Ne rougissez-vous point d'avoir pris tant d'amour,
Pour ces sortes de gens qui changent chaque jour,
D'oublier vostre sexe, & tromper l'esperance,
D'un homme dont le Ciel vous donnoit l'alliance.

SGANARELLE.

Il le merite bien, & j'en suis fort ravi ;

ISABELLE.

Enfin de cent raisons mon despit s'est servi,
Pour luy bien reprocher des bassesses si grandes,
Et pouvoir cette nuict rejetter ses demandes,
Mais elle m'a fait voir de si pressans desirs,
A tant versé de pleurs, tant poussé de soûpirs,
Tant dit qu'au desespoir je porterois son ame,
Si je luy refusois ce qu'exige sa flâme ;
Qu'à ceder malgré moy mon cœur s'est veu reduit ;
Et pour justifier cette intrigue de nuict,
Où me faisoit du sang relâcher la tendresse,
J'allois faire avec moy venir coucher Lucrece ;

Dont

Dont vous me vantez tant les vertus chaque jour,
Mais vous m'avez surprise avec ce prompt retour.

SGANARELLE.

Non, non, je ne veux point, chez moy tout ce mystere,
J'y pourrois consentir à l'égard de mon frere,
Mais on peut estre veu de quelqu'un de dehors,
Et celle que je dois honorer de mon corps,
Non seulement doit estre & pudique & bien née,
Il ne faut pas que même elle soit soupçonnée;
Allons chasser l'infame, & de sa passion.....

ISABELLE.

Ah, vous luy donneriez trop de confusion,
Et c'est avec raison qu'elle pourroit se plaindre,
Du peu de retenuë, où j'ay sçeu me contraindre,
Puisque de son dessein je dois me départir,
Attendez que du moins je la fasse sortir.

SGANARELLE.

Et bien fais?

ISABELLE.

Mais sur tout, cachez-vous je vous prie,
Et sans luy dire rien daignez voir sa sortie.

SGANARELLE.

Ouy, pour l'amour de toy, je retiens mes transports,
Mais dés le même instant qu'elle sera dehors,
Je veux sans differer, aller trouver mon frere,
J'auray joye à courir luy dire cette affaire.

ISABELLE.

Je vous conjure donc de ne me pas nommer;
Bon soir, car tout d'un temps, je vais me renfermer.

SGANARELLE.

Jusqu'à demain mamie, en qu'elle impatience
Suis-je de voir mon frere, & luy conter sa chance?
Il en tient le bon homme, avec tout son Phœbus,
Et je n'en voudrois pas tenir vingt bons escus.

ISABELLE. *dans la maison.*

Ouy, de vos déplaisirs l'atteinte m'est sensible ;
Mais ce que vous voulez, ma sœur, m'est impossible ;
Mon honneur qui m'est cher, y court trop de hazard ;
Adieu, retirez-vous avant qu'il soit plus tard.

SGANARELLE.

La voila que je croi, peste de belle sorte,
De peur qu'elle revinst, fermons à clef la porte.

ISABELLE.

O Ciel dans mes desseins, ne m'abandonnez pas.

SGANARELLE.

Où pourra-t'elle aller ? suivons un peu ses pas.

ISABELLE.

Dans mon trouble du moins, la nuict me favorise :

SGANARELLE.

Au logis du galant ! quelle est son entreprise ?

SCENE III.

VALERE, SGANARELLE, ISABELLE.

VALERE.

OUy, ouy, je veux tenter quelque effort cette nuict,
Pour parler..... qui va là ?

ISABELLE.

Ne faites pas de bruit,
Valere, on vous previent, & je suis Isabelle.

SGANARELLE.

Vous en avez menti, chienne ce n'est pas elle,
De l'honneur que tu fuys, elle suit trop les loix,
Et tu prens faussement, & son nom, & sa voix.

ISABELLE.

Mais à moins de vous voir par un saint hymenée.....

VALERE.

Ouy, c'est l'unique but, où tend ma destinée ;
Et je vous donne ici ma foy que dés demain,
Je vais, où vous voudrez recevoir vostre main.

SGANARELLE.

Pauvre sot qui s'abuse !

VALERE.

Entrez en asseurance ?
De vostre Argus dupé, je brave la puissance,
Et devant qu'il vous pût oster à mon ardeur,
Mon bras de mille coups luy perceroit le cœur.

SGANARELLE.

Ah ! je te promets bien, que je n'ay pas envie,
De te l'oster l'infame à ses feux asservie,
Que du don de ta foy je ne suis point jaloux,
Et que si j'en suis creu, tu seras son espoux ;
Ouy, faisons-le surprendre avec cette effrontée,
La memoire du Pere, à bon droit respectée ;
Jointe au grand interest que je prens à la sœur,
Veut que du moins on tache à luy rendre l'honneur ;
Hola.

SCENE IV.

SGANARELLE, LE COMMISSAIRE, NOTAIRE, *Et Suitte.*

LE COMMISSAIRE.

QU'est-ce ?

SGANARELLE.

Salut : Monsieur le Commissaire,
Vostre presence en robe est ici necessaire ;
Suivez-moy, s'il vous plaist, avec vostre clarté.

LE COMMISSAIRE.

Nous sortions.....

SGANARELLE.

Il s'agit d'un fait assez hasté.

LE COMMISSAIRE.

Quoy ?

SGANARELLE.

D'aller là dedans, & d'y surprendre ensemble,
Deux personnes qu'il faut qu'un bon hymen assemble,
C'est une fille à nous, que sous un don de foy
Un Valere a seduite, & fait entrer chez soy ;
Elle sort de famille, & noble, & vertueuse,
Mais....

LE COMMISSAIRE.

Si c'est pour cela, la rencontre est heureuse,
Puisqu'ici nous avons un Notaire ?

SGANARELLE.

Monsieur ?

LE NOTAIRE.

Ouy, Notaire Royal ;

LE COMMISSAIRE.

De plus homme d'honneur ?

SGANARELLE.

Cela s'en va sans dire, entrez dans cette porte,
Et sans bruit ayez l'œil que personne n'en sorte ;
Vous serez plainement contenté de vos soins,
Mais ne vous laissez pas graisser la pate au moins.

LE COMMISSAIRE.

Comment vous croyez donc qu'un homme de Justice.....

SGANARELLE.

Ce que j'en dis n'est pas pour taxer vostre office.
Je vais faire venir mon frere promptement,
Faites que le flambeau m'éclaire seulement ;
Je vais le réjoüir cet homme sans colere,
Hola.

SCENE V.

ARISTE, SGANARELLE.

ARISTE.

Qui frappe? ah, ah! que voulez-vous
mon frere?

SGANARELLE.

Venez beau directeur, surannné Damoizeau,
On veut vous faire voir quelque chose de beau?

ARISTE.

Comment?

SGANARELLE.

Je vous apporte une bonne nouvelle,

ARISTE.

Quoy?

SGANARELLE.

Vostre Leonor où, je vous prie, est-elle?

ARISTE.

Pourquoy cette demande, elle est comme je croy,
Au Bal chez son amie.

SGANARELLE.

Eh, ouy, ouy, suivez-moy,
Vous verrez à quel Bal, la donzelle est allée;

ARISTE.

Que voulez vous conter?

SGANARELLE.

Vous l'avez bien stylée,
Il n'est pas bon de vivre en severe censeur,
On gagne les esprits par beaucoup de douceur;
Et les soins deffians, les verroux, & les grilles,
Ne font pas la vertu des femmes, ny des filles,
Nous les portons au mal par tant d'austerité,
Et leur sexe demande un peu de liberté.
Vrayment elle en a pris tout son soû la rusée,

Et la vertu chez elle est fort humanisée.

ARISTE.

Où veut donc aboutir un pareil entretien ?

SGANARELLE.

Allez mon frere aisné cela vous sied fort bien,
Et je ne voudrois pas pour vingt bonnes pistolles,
Que vous n'eussiez ce fruit de vos maximes folles.
On voit ce qu'en deux sœurs nos leçons ont produit,
L'une fuit ce galant, & l'autre le poursuit.

ARISTE.

Si vous ne me rendez cette enigme plus claire.....

SGANARELLE.

L'enigme est que son Bal est chez Monsieur Valere.
Que de nuict je l'ay veu y conduire ses pas,
Et qu'à l'heure presente elle est entre ses bras.

ARISTE.

Qui ?

SGANARELLE.

Leonor.

ARISTE.

Cessons de railler, je vous prie.

SGANARELLE.

Je raille, il est fort bon avec sa raillerie ;
Pauvre esprit, je vous dis, & vous redis encor,
Que Valere chez luy tient vostre Leonor,
Et qu'ils s'estoient promis une foy mutuelle,
Avant qu'il eust songé de poursuivre Isabelle.

ARISTE.

Ce discours d'apparence est si fort dépourveu....

SGANARELLE.

Il ne le croira pas encor en l'ayant veu :
J'enrage, par ma foy, l'âge ne sert de guere
Quand on n'a pas cela.

ARISTE.

Quoy vous voulez mon frere...

SGANARELLE.

Mon Dieu je ne veux rien, ſuivez-moy ſeulement,
Voſtre eſprit tout à l'heure aura contentement,
Vous verrez ſi j'impoſe, & ſi leur foy donnée,
N'avoit pas joint leurs cœurs depuis plus d'une année.

ARISTE.

L'apparence qu'ainſi ſans m'en faire avertir,
A cet engagement elle euſt pû conſentir,
Moy qui dans toute choſe ay depuis ſon enfance,
Monſtré toûjours pour elle entiere complaiſance,
Et qui cent fois ay fait des proteſtations,
De ne jamais geſner ſes inclinations.

SGANARELLE.

Enfin vos propres yeux jugeront de l'affaire,
J'ay fait venir déja Commiſſaire & Notaire,
Nous avons intereſt que l'hymen pretendu
Repare ſur le champ l'honneur qu'il a perdu;
Car je ne penſe pas que vous ſoyez ſi lâche,
De vouloir l'épouſer avecque cette tâche;
Si vous n'avez encore quelques raiſonnemens
Pour vous mettre au deſſus de tous les bernemens.

ARISTE.

Moy je n'auray jamais cette foibleſſe extréme,
De vouloir poſſeder un cœur malgré luy-même;
Mais je ne ſçaurois croire enfin...

SGANARELLE.

Que de diſcours,
Allons ce procez-là continûroit toûjours.

SCENE VI.

LE COMMISSAIRE, LE NOTAIRE, SGANARELLE, ARISTE.

LE COMMISSAIRE.

IL ne faut mettre ici nulle ſorce en uſage,
Meſſieurs, & ſi vos vœux ne vont qu'au maria-
ge,
Vos tranſports en ce lieu s'y peuvent appaiſer,
Tous deux également tendent à s'épouſer,
Et Valere déja ſur ce qui vous regarde,
A ſigné que pour femme il tient celle qu'il garde.

ARISTE.

La fille....

LE COMMISSAIRE.

Eſt renfermée & ne veut point ſortir;
Que vos deſirs aux leurs ne veuillent conſentir.

SCENE VII.

LE COMMISSAIRE, VALERE, LE NOTAIRE, SGANARELLE, ARISTE.

VALERE, *à la feneſtre.*

NOn, Meſſieurs, & perſonne ici n'aura l'en-
trée,
Que cette volonté ne m'ait eſté monſtrée,
Vous ſçavez qui je ſuis, & j'ay fait mon devoir,
En vous ſignant l'aveu qu'on peut vous faire voir,
Si c'eſt voſtre deſſein d'approuver l'alliance,
Voſtre main peut auſſi m'en ſigner l'aſſeurance,
Si non, faites eſtat de m'arracher le jour,
Plûtoſt que de m'oſter l'objet de mon amour.

SGA-

SGANARELLE.

Non nous ne ſongeons pas à vous ſeparer d'elle,
Il ne s'eſt point encore détrompé d'Iſabelle,
Profitons de l'erreur.

ARISTE.

Mais, eſt-ce Leonor....

SGANARELLE.

Taiſez-vous.

ARISTE.

Mais....

SGANARELLE.

Paix donc?

ARISTE.

Je veux ſçavoir....

SGANARELLE.

Encor?
Vous tairez-vous vous dis-je.

VALERE.

Enfin quoy qu'il avienne,
Iſabelle a ma foy, j'ay de même la ſienne,
Et ne ſuis point un choix à tout examiner,
Que vous ſoyez receus à faire condamner.

ARISTE.

Ce qu'il dit là n'eſt pas....

SGANARELLE.

Taiſez-vous, & pour cauſe,
Vous ſçaurez le ſecret, ouy, ſans dire autre choſe,
Nous conſentons tous deux que vous ſoyez l'époux
De celle qu'à preſent on trouvera chez vous.

LE COMMISSAIRE.

C'eſt dans ces termes-là que la choſe eſt conceuë,
Et le nom eſt en blanc pour ne l'avoir point veuë,
Signez, la fille aprés vous mettra tous d'accord.

VALERE.

J'y consens de la sorte.

SGANARELLE.

Et moy je le veux fort,
Nous rirons bien tantost, là signez donc mon frere,
L'honneur vous appartient.

ARISTE.

Mais quoy tout ce mystere...

SGANARELLE.

Diantre que de façons, signez pauvre butor.

ARISTE.

Il parle d'Isabelle, & vous de Leonor.

SGANARELLE.

N'estes-vous pas d'accord, mon frere, si c'est elle,
De les laisser tous deux à leur foy mutuelle.

ARISTE.

Sans doute.

SGANARELLE.

Signez donc, j'en fais de même aussi.

ARISTE.

Soit, je n'y comprens rien.

SGANARELLE.

Vous serez éclairci.

LE COMMISSAIRE.

Nous allons revenir.

SGANARELLE.

Or ça, je vais vous dire
La fin de cette intrigue.

SCENE VIII.

LEONOR, LISETTE, SGANARELLE, ARISTE.

LEONOR.

O L'estrange martyre,
Que tous ces jeunes foux me paroissent fascheux,
Je me suis dérobée au Bal pour l'amour d'eux.

LISETTE.

Chacun d'eux prés de vous veut se rendre agreable.

LEONOR.

Et moy je n'ay rien veu de plus insuportable,
Et je prefererois le plus simple entretien,
A tous les contes bleus de ces diseurs de rien;
Ils croyent que tout cede à leur perruque blonde,
Et pensent avoir dit le meilleur mot du monde,
Lors qu'ils viennent d'un ton de mauvais goguenard,
Vous railler sottement sur l'amour d'un vieillard;
Et moy d'un tel vieillard je prise plus le zele,
Que tous les beaux transports d'une jeune cervelle:
Mais n'apperçois-je pas....

SGANARELLE.

Ouy l'affaire est ainsi:
Ah! je la vois paroistre, & la servante aussi.

ARISTE.

Leonor, sans courroux, j'ay sujet de me plaindre,
Vous sçavez si jamais j'ay voulu vous contraindre,
Et si plus de cent fois je n'ay pas protesté
De laisser à vos voeux leur pleine liberté;
Cependant vostre cœur méprisant mon suffrage,
De foy comme d'amour à mon insceu s'engage;

Je

Je ne me repens pas de mon doux traittement,
Mais vostre procedé me touche asseurement,
Et c'est une action que n'a pas meritée
Cette tendre amitié que je vous ay portée.

LEONOR.

Je ne sçay pas sur quoy vous tenez ce discours;
Mais croyez que je suis de même que toûjours;
Que rien ne peut pour vous alterer mon estime,
Que toute autre amitié me paroistroit un crime,
Et que si vous voulez satisfaire mes vœux,
Un saint nœu dés demain nous unira nous deux.

ARISTE.

Dessus quel fondement venez-vous donc mon frere....

SGANARELLE.

Quoy vous ne sortez pas du logis de Valere,
Vous n'avez point conté vos amours aujourd'huy,
Et vous ne brûlez pas depuis un an pour luy?

LEONOR.

Qui vous a fait de moy de si belles peintures,
Et prend soin de forger de telles impostures?

SCENE IX.

ISABELLE, VALERE, LE COMMISSAIRE, LE NOTAIRE, ERGASTE, LISETTE, LEONOR, SGANARELLE, ARISTE.

ISABELLE.

Ma sœur, je vous demande un genereux pardon,
Si de mes libertez j'ay taché vostre nom;
Le pressant embarras d'une surprise extréme,
M'a tantost inspiré ce honteux stratagéme:
Vostre exemple condamne un tel emportement,

Mais le sort nous traitta tous deux diversement ;
Pour vous je ne veux point, Monsieur, vous faire excuse,
Je vous sers beaucoup plus que je ne vous abuse ;
Le Ciel pour estre joints ne nous fit pas tous deux,
Je me suis reconnuë indigne de vos vœux,
Et j'ay bien mieux aimé me voir aux mains d'un autre,
Que ne pas meriter un cœur comme le vostre.

VALERE.

Pour moy je mets ma gloire & mon bien souverain
A la pouvoir, Monsieur, tenir de vostre main.

ARISTE.

Mon frere doucement, il faut boire la chose,
D'une telle action vos procedez sont cause,
Et je vois vostre sort malheureux à ce point,
Que vous sçachant dupé l'on ne vous plaindra point.

LISETTE.

Par ma foy je luy sçais bon gré de cette affaire,
Et ce prix de ses soins est un trait exemplaire.

LEONOR.

Je ne sçay si ce trait se doit faire estimer,
Mais je sçay bien qu'au moins je ne le puis blâmer.

ERGASTE.

Au sort d'estre cocu son ascendant l'expose,
Et ne l'estre qu'en herbe est pour luy douce chose.

SGANARELLE.

Non, je ne puis sortir de mon estonnement,
Cette desloyauté confond mon jugement,
Et je ne pense pas que Sathan en personne,
Puisse estre si méchant qu'une telle friponne,
J'aurois pour elle au feu mis la main que voila,
Malheureux qui se fie à femme aprés cela,
La meilleure est toûjours en malice feconde,
C'est un sexe engendré pour damner tout le monde ;
J'y renonce à jamais à ce sexe trompeur,

Et

Et je le donne tout au Diable de bon cœur.

ERGASTE.

Bon.

ARISTE.

Allons tous chez moy. Venez Seigneur Valere,
Nous tascherons demain d'appaiser sa colere.

LISETTE.

Vous, si vous connoissez des maris loupgaroux,
Envoyez-les au moins à l'école chez nous.

FIN.

www.ingramcontent.com/pod-product-compliance
Lightning Source LLC
LaVergne TN
LVHW011955160826
845678LV00002B/562

* 9 7 8 2 3 2 9 6 8 0 7 4 3 *